NOTICE

SUR

LE C^{TE} A. DE SARRAZIN

Vendôme vient de perdre un de ces hommes rares qui unissent les plus attachantes qualités du cœur à la plus éminente supériorité de l'esprit. M. le comte Adrien de Sarrazin s'est éteint subitement le 26 septembre 1852, laissant sa famille et ses amis sous l'impression foudroyante d'un malheur tout à fait imprévu.

Né en 1775, au manoir de Bezay, dans la Beauce vendomoise, il appartenait, par son père, à une de ces antiques races de gentilshommes d'Auvergne dont la noblesse est aussi vieille que les rochers de leur pays. Sa mère était la dernière héritière

d'une ancienne famille de Vendôme, des Gallois de
Bezay, qui fondèrent, au seizième siècle, dans la
magnifique église de la Trinité, la chapelle où sont
aujourd'hui les fonts de baptême.

M. Adrien de Sarrazin fut élevé au collége des
Oratoriens de Vendôme, où il eut pour professeur
le trop célèbre Fouché de Nantes, et pour condisciple un autre ministre de la police, qui devait
exercer une influence plus grande encore sur les
destinées de la France, M. le duc Decazes. Il ache-
vait ses études, lorsque la convocation des états
généraux, au mois de mars 1789, ouvrit pour
notre patrie la carrière des révolutions, qui, après
soixante ans, n'est pas encore fermée.

Le père de M. de Sarrazin fut élu député par la
noblesse du bailliage de Vendôme. Les cahiers qui
lui furent remis, et qui lui traçaient des instructions
dont il ne devait pas s'écarter, lui enjoignaient de
demander la liberté individuelle ; le vote libre de
l'impôt ; la convocation périodique des états généraux ; la puissance législative réservée aux états
seuls ; la fixation légale des dépenses de chaque dé-
partement, même de celles de la maison du Roi ; la

responsabilité des ministres ; enfin l'établissement
d'états provinciaux, dont les membres élus par le
pays auraient droit d'abonner les impôts de chaque
province, d'en faire l'assiette et le recouvrement, et
de les verser directement dans le trésor national.
Ces sept articles devaient être consentis et sanc-
tionnés préalablement à toute autre délibération, *à
défaut de quoi,* disaient les cahiers, *les nobles du
bailliage veulent que tous les pouvoirs de leur député
cessent, qu'il proteste et se retire.* On laissait à la
sagesse du député à décider si les états devaient
voter par ordre ou par tête, et on l'autorisait à con-
sentir que les impôts fussent levés indistinctement
sur toutes les propriétés. Ainsi la noblesse renonçait
d'elle-même à ses priviléges, et terminait ses cahiers
par cette phrase remarquable : « Les nobles du
« bailliage de Vendôme, uniquement occupés à cher-
« cher les moyens d'assurer la gloire du Roi et le
« bonheur de la nation entière, ne songent point à
« leurs propres intérêts, et se bornent à demander
« une constitution digne d'un peuple libre et gé-
« néreux. »

Un élan unanime entraînait alors toutes les classes
de la nation vers les réformes justes et utiles, et le

cœur de Louis XVI s'unissait d'avance aux vœux de
ses sujets. Mais les mauvaises passions travaillaient
dans l'ombre à séparer le Roi de son peuple, à di-
viser les Français en camps ennemis, et à étouffer
dans le désordre les germes d'une régénération pa-
cifique. Après la fameuse séance du Jeu-de-Paume,
les députés aux états généraux déchirèrent sans
scrupule les mandats qu'ils tenaient de leurs élec-
teurs et qu'ils avaient juré d'exécuter fidèlement.
La loyauté de M. le comte de Sarrazin ne put
s'accommoder de cet oubli des droits de la conscience. Il revint à Vendôme, et le 12 juillet 1789,
deux jours avant la prise de la Bastille, la noblesse
du bailliage, convoquée sur sa demande, se réunit
au monastère de la Trinité. M. de Sarrazin déclara
à ses commettants que l'exécution littérale de son
mandat était devenue impossible, et les consulta
pour savoir s'il devait se retirer de l'assemblée, ou si
l'on consentait à le relever de ses engagements, en
l'autorisant à prendre part à toutes les délibéra-
tions, même en dehors des termes impératifs de ses
cahiers.

En présence de ces nouvelles conditions qui lui
étaient posées, la noblesse du bailliage de Vendôme

n'hésita pas à répondre, *à l'unanimité*, qu'elle autorisait son député à rester dans l'assemblée nationale,
et qu'*elle reconnaissait pour loi le vœu de la majorité
des représentants de la nation*. Tels furent les sentiments et les actes de ces hommes qui, trois ans plus
tard, étaient presque tous exilés, emprisonnés,
proscrits comme ennemis du peuple et défenseurs
obstinés des abus de l'ancien régime.

Le député de la noblesse vendomoise se maintint
toujours, à l'assemblée constituante, dans la ligne
de modération et de sage liberté qu'il avait suivie
dès l'origine. Après la dissolution de l'assemblée, il
revint sans crainte dans ses foyers, et y vécut jusqu'à un âge très-avancé, protégé, même aux plus
mauvais jours, par l'estime et l'affection de tous ses
concitoyens.

Ces exemples et ces principes furent recueillis
par M. Adrien de Sarrazin dans l'héritage paternel,
et sa vie ne les démentit jamais. Son père l'avait
fait entrer comme élève du Roi à l'école militaire de
Brienne, où, quelques années plus tôt, il eût pu se
rencontrer avec Napoléon. L'école ayant été dissoute
en 1793, le jeune Adrien, à qui la faiblesse de sa

santé ne permettait pas de suivre la carrière des armes, resta dans sa famille, uniquement occupé d'études et de travaux littéraires. Le premier écrit qui le fit connaître lui fut inspiré par un sentiment généreux. Delille venait de publier son poëme de *la Pitié*, qui avait eu à son apparition un immense retentissement. Ce livre, en effet, n'était pas seulement un recueil de beaux vers. C'était une éloquente protestation contre les crimes de la Terreur, un cri poétique d'indignation contre les bourreaux, de sympathie pour les victimes. Aussi, tandis que la partie saine de la société l'accueillait avec enthousiasme, les restes des vieilles factions révolutionnaires l'attaquaient avec acharnement, et la critique littéraire servait d'instrument aux haines politiques. M. Adrien de Sarrazin entreprit de défendre le poëte qui s'était fait l'écho de tous les cœurs honnêtes, et s'acquitta de cette noble tâche avec tant de chaleur et de talent, que Delille s'appropria en quelque sorte cette défense, en la faisant insérer dans l'édition complète de ses œuvres.

Encouragé par ce premier succès, M. de Sarrazin se fixa à Paris, où il fut attaché à la rédaction des principaux journaux de cette époque. Il y mena

presque constamment cette existence d'homme de
lettres pendant la durée du régime impérial, vivant
dans l'intimité de toutes les illustrations contempo-
raines, et prenant une part active au travail trop
méconnu de la littérature de l'Empire, qui a rallumé
le flambeau des lumières éteint sous le sang et
les ruines par les barbares de 93, et a rendu à la
France les saines traditions du bon sens et du bon
goût. Ce fut alors qu'il publia successivement *le
Caravansérail* et les *Contes moraux*, précieux joyaux
littéraires, où l'on ne sait ce qu'on doit admirer
le plus de l'heureuse fécondité de l'invention, de la
douce sensibilité des pensées, ou de l'irréprochable
élégance du style.

Le succès de ces deux ouvrages, dont il a été fait
une nouvelle édition en 1841, avait placé M. de Sarrazin, dans l'opinion des gens de goût, au rang des
meilleurs écrivains de son temps. Mais il s'aperçut
bientôt des inconvénients de la célébrité. Un article
de journal, écrit par lui, déplut aux censeurs chargés
d'apposer leur visa sur toutes les productions de
l'esprit, et fut mis par le ministre de la police sous
les yeux de l'Empereur lui-même. Napoléon était
alors à l'apogée de sa gloire, et ne négligeait aucune

occasion pour rallier autour de son trône tous les hommes d'un mérite supérieur. Par son ordre, on enjoignit à M. de Sarrazin, non-seulement de supprimer l'écrit incriminé, mais encore de le refaire dans un sens contraire, et on lui fit entrevoir que la route de l'obéissance pouvait conduire au conseil d'état, celle de l'opposition à Vincennes. M. de Sarrazin consentit volontiers à retirer son article. Mais il maintint avec courage, contre les séductions et les menaces, le droit au silence, dernier refuge des consciences indépendantes quand la liberté est morte. Sa résistance aux faveurs de l'Empire dut paraître d'autant plus étonnante qu'il était alors presque sans fortune.

A la restauration, Louis XVIII, spirituel appréciateur du mérite littéraire, distingua M. de Sarrazin, dont le nom lui rappelait la noble conduite du député de Vendôme aux états généraux, et lui accorda une pension qu'il n'avait pas demandée.

Après les événements des cent jours, M. Decazes fut appelé au ministère de la police. Devenu bientôt le ministre dirigeant, le maître réel du gouvernement de la France, il se souvint de son ancien condisciple, dont il connaissait mieux que personne la haute capacité, et le nomma chef de son cabinet. Il est permis de croire qu'il n'avait pas placé sans dessein si près de lui un homme en qui se personnifiaient les sentiments les plus purs d'honneur et de loyauté. M. Decazes n'ignorait pas les défiances que nourrissait contre lui la majorité royaliste de la chambre des députés. Quelle meilleure garantie pouvait-il lui offrir que le nom universellement estimé du secrétaire qui semblait posséder toute sa confiance?

Cependant M. de Sarrazin ne tarda pas à s'apercevoir que cette confiance était plus apparente que réelle. Beaucoup de choses se faisaient en dehors de lui; mais il en savait assez pour que sa conscience s'agitât inquiète au milieu des ténèbres mystérieuses d'une politique trop habile. Il hasarda quelques représentations qui furent mal accueillies, et dès qu'il vit clairement où était son devoir, il n'hésita pas à se retirer.

Pendant trois ans, il avait vécu près du ministre qui disposait de toutes les faveurs du gouvernement, de tous les trésors du budget; il rentra dans la vie privée sans aucune de ces compensations qui suivent ordinairement dans leur retraite ceux qui ont manié les secrets ressorts du pouvoir. On n'attacha pas même à sa boutonnière une décoration devenue la récompense habituelle de tous les services. C'est qu'en effet on savait bien que la loyauté de M. de Sarrazin n'avait pas besoin d'être payée. Jamais il ne sortit de sa bouche une parole compromettante pour l'homme d'État qui l'avait admis dans son intimité, et c'est tout au plus si, dans les dernières années de sa vie, il laissait échapper, dans l'épanchement de la conversation, quelques confidences sur des faits depuis longtemps acquis à l'histoire.

M. de Sarrazin avait épousé en 1817 Mlle de Wissel, dont il eut un fils unique, sur lequel il concentra toute sa tendresse et toutes ses pensées d'avenir. Ayant eu le malheur de perdre sa première femme, il se remaria, en 1827, à Mlle de Richebourg. Retiré à Vendôme et livré tout entier aux douceurs de la vie de famille, il était devenu étranger à la scène politique et littéraire, où son rôle aurait pu être jusqu'à la fin si brillant. Son éloignement du monde était si complet, qu'il avait cessé d'exister pour ceux qui l'avaient connu dans

le tourbillon des idées et des affaires, et qui y
étaient restés après lui. — « Quel dommage que
« M. de Sarrazin soit mort si jeune ! » disait, il y a
dix ans, une de nos célébrités littéraires. « Sa place
« était marquée à l'Académie française ; car, parmi
« nos auteurs contemporains, on en trouvera bien
« peu qui aient su conserver, comme lui, à notre
« belle langue, son atticisme et sa pureté. » Et
pourtant M. de Sarrazin n'était pas mort. Il n'avait
rien perdu de la chaleur de son cœur, de la vivacité
de son intelligence, et sa conversation, toujours
scintillante d'esprit, rappelait ce charmant passage
de l'Introduction du *Caravansérail,* que nous cite-
rons ici, parce que l'âme de l'auteur s'y peint tout
entière :

   « S'il existe sur la terre un bonheur sans mélange,
« il doit se trouver au milieu d'une société dont tous
« les membres sont unis par les mêmes principes et
« les mêmes sentiments. Leur conversation est un
« échange dans lequel on n'a point à redouter de
« fausse monnaie. Tout ce que l'on donne a cours
« comme tout ce que l'on reçoit. On dit ce que l'on
« sait, non pour montrer son savoir, mais pour ap-

« prendre ce qu'on ignore. Si un peu de malignité
« se montre quelquefois, c'est la gaîté qui badine
« avec la raison et fait sourire l'esprit sans blesser
« l'amour-propre. Notre caractère, dégagé de ses
« entraves par la confiance, brise les liens de notre
« esprit et lui donne des ailes. Nos idées éprouvent
« une secousse salutaire qui les met en circulation.
« La conversation finie, on sourit encore de ce qui
« vient de faire rire, on rêve encore à ce qui a fait
« penser. On oublie ces passions méprisables qui
« font la honte et le tourment de l'humanité. On
« croit tous les hommes meilleurs, parce qu'on est
« entouré d'hommes vertueux. Oui, douce intimité!
« tu es le premier bienfait du ciel, lorsque tu viens,
« avec le sourire de la franchise sur les lèvres, avec
« la paix de l'âme dans les yeux, s'asseoir entre des
« hommes doués de sentiments nobles, délicats et
« généreux. »

M. de Sarrazin laisse inédit un livre remarquable,
intitulé *les Caractères de la pensée*, œuvre patiente
et laborieuse des dernières années de sa vie. Ce
traité de haute métaphysique littéraire, qu'il n'a
cessé de revoir et de polir avec le soin minutieux

qu'il apportait à tous ses ouvrages, prouvera, s'il est livré à la publicité, que le spirituel et gracieux conteur était aussi un penseur profond.

Entouré des soins affectueux d'une épouse aimable et dévouée, d'un fils digne de lui et d'une belle-fille qu'il adorait, M. de Sarrazin répétait souvent, sur la fin de sa vie, qu'il était heureux. Il n'est donc pas impossible de dédaigner et de sacrifier à la conscience les places, les honneurs, la gloire même, et d'être récompensé de l'abnégation par le bonheur.

J. DE PÉTIGNY.

Vendôme, Impr. Lemercier.

23

2.